CONTINUATION D'ÉXERCICES

SUR

LE DROIT FRANÇOIS,

lativement aux difpofitions des troifiéme & quatriéme partie des Coutumes d'Anjou & du Maine, conférées avec les autres Coutumes, les Ordonnances, les Loix du Royaume & le Droit Public.

i feront foutenus par Meffieurs les Étudiants en la Faculté des Droits de l'Univerfité d'Angers.

s la Préfidence de Meffire FRANÇOIS PRÉVOST, Docteur, Profeffeur Royal du Droit François, Avocat du Roy au Préfidial.

ANS LA SALLE DES GRANDES ÉCOLES. 1770.

A ANGERS;
Chez PIERRE-LOUIS DUBÉ, Imprimeur de la Faculté.

JOURS FIXÉS POUR LES ÉXERCICES.

JUILLET 177 $\left\{\begin{array}{l}\end{array}\right.$ LUNDI 23.

MARDI.

MERCREDI.

JEUDI.

Et VENDREDI de la même femaine.

Les Éxercices au matin, à dix heures.

Ceux d'après midi, à trois heures & demie.

RÉPONDRONT

MESSIEURS

JEAN-EMANUEL GODEFROY DE MONTOURS,
du Diocèfe du Mans.

MATHURIN BREVET, du Diocèfe de Nantes.

LOUIS-MICHEL DE BEAUVOYS DU LISIEUX,
du Diocèfe d'Angers.

RENÉ MACÉ DES BOIS, du Diocèfe d'Angers.

PIERRE BODY, du Diocèfe de la Rochelle.

VICTOR BODY, du Diocèfe de la Rochelle.

JOSEPH DELAUNAY, du Diocèfe d'Angers.

ANTOINE-AUGUSTE BEGUYER DE CHAMBOUREAU,
du Diocèfe d'Angers.

Meffieurs les Étudiants auront, lors des Exercices, le Texte de toutes les Coutumes, du Droit Civil & Canonique : fi ceux qui voudront bien argumenter fe propofent d'oppofer des difficultés puifées dans d'autres Autorités, ils font priés de faire apporter aux Grandes Ecoles les Livres ou Textes qu'ils entendront objecter.

PREMIER EXERCICE.

I.

Tous les Fiefs relevent immédiatement ou médiatement du Roi : ils font devenns patrimoniaux & héréditaires.

II.

L'effence & la fubftance du Fief confifte dans le devoir de la foi ou fidélité; les fonds, les droits en font des dépendances & des profits plus ou moins étendus ; ils ne conftituent pas le Fief : point de Fief fans vaffal; point de vaffal s'il n'eft reçu en fidelité qu'on appelle foi & hommage.

III.

La foi eft la promeffe d'être fidéle au fervice que l'on doit : la preftation que le vaffal en rend, eft plus la reconnoiffance d'un bienfait reçu, qu'une charge onereufe ; elle fe fait plutôt pour éviter l'ingratitude , que pour procurer quelque utilité au Seigneur fuferain.

IV.

L'hommage , dans fa propre fignification, ne doit appartenir qu'au Souverain ; le mot, *hommage*, ne fe trouve point dans les livres des Fiefs : cette expreffion employée par quelques coûtumes, doit feulement s'entendre d'une preftation de fidélité : la diftinction de l'hommage *lige* ou *fimple*, ne concerne que le plus ou le moins des droits dus aux mutations.

4

V.

En France , point de vaſſaux véritablement *liges* , que ceux qui poſſédent des Fiefs relevants du Roi : la preſtation de foi & hommage avec promeſſe de ſervir le Seigneur *envers & contre touts* , ne peut être faite qu'au ſeul Souverain.

V I.

Le Roi ne tient ſon royaume que de Dieu & de ſon épée : toutes perſonnes, de quelque dignité qu'elles ſoient revêtues , ſont ſujettes à ſon autorité.

V I I.

Seul Legiſlateur , ſupérieur aux Loix , Sa Majeſté ſe fait gloire d'obſerver les Ordonnances générales qui émanées de ſa volonté & vérifiées dans les premiers Tribunaux , ſont Loix de l'État.

V I I I.

Seul, il n'eſt point ſoumis aux Coûtumes ; les droits de ſa Couronne, le fond & la propriété de ſon Domaine, & l'ordre public , ſont abſolument indépendants des Coûtumes qui n'ont qu'un pouvoir local & particulier.

I X.

Les Coûtumes formées par le conſentement des peuples , confirmées par l'autorité de Nos Rois , ſont devenuës Loix dans l'État, & non Loix de l'État : elles forment une portion du droit public dans leur territoire ſeulement.

X.

Les effets de la Puiſſance Souveraine ſont diſtingués de ceux de la puiſſance féodale.

X I.

La Souveraineté appartient au Prince excluſivement à tout autre : la ſuſeraineté féodale eſt une eſpece de Seigneurie privée ſur les

héritages anciennement concédés en Fief par Nos Rois à leurs fu-
jets : les profits & droits de ces Fiefs , font dus au Roi , comme
Seigneur de Fief, non comme Souverain ; ils font, ainfi que les
droits féodaux, des Seigneurs particuliers , fufceptibles de pref-
cription ; font régis par la Coûtume de la fituation du Fief ; n'ont
lieu que dans le cas & pour les caufes déterminées par les Coûtumes.

XII.

Le ferment de fidélité peut être du fans l'hommage : on ne
peut faire d'hommage fans ferment de fidélité.

XIII.

Tous les Évêques doivent au Roi le ferment de fidélité ; fi pof-
fédants des Fiefs , ils font vaffaux de fa Couronne, ils doivent
en outre l'hommage.

XIV.

Nous n'admettons point en France les difpofitions canoniques
qui difpenfent les Evêques de faire hommage au Souverain.

XV.

L'origine , la caufe & les effets de la foi hommage & du droit
de regale , font les mêmes : la mort d'un Évêque opére pour le
temporel à l'égard du Roi, ainfi que la mort d'un vaffal opére à
l'égard du Seigneur, un défaut d'homme , une vacance , une mutation , une forte de réunion au Domaine de la Couronne , comme
il fe fait une réunion du Fief fervant au Fief dominant.

XVI.

Les biens particuliers des Eccléfiaftiques , le temporel de leurs
bénéfices , les droits féodaux qui leur font dus, ou qu'ils doivent, font régis par les Coûtumes ; point d'exception, pas même
pour les mineurs ; elles gouvernent toutes fortes de biens & de per-

.onnes; & elles obligent dans le for extérieur & dans le for intérieur.

XVII.

Le Roi eſt le principe & le terme de toutes les juſtices & juriſdictions.

XVIII.

Dans les Officialités comme dans les Tribunaux laïques, les Ordonnances Royales, les formes legales preſcrites, les Arrêts & Reglemens des Cours de Parlement, doivent être obſervées tant en matieres civiles que criminelles ; en cas de contravention, l'appel comme d'abus a lieu.

X I X

Il eſt pareillement admis lorſqu'on entreprend ſur l'autorité du Roi, ſa Juriſdiction, contre les Loix ; qu'on contrevient aux Saints Canons, aux Décrets, Conciles, Maximes, Conſtitutions Canoniques reçues dans le Royaume ; qu'on trouble l'ordre, la tranquillité publique, la diſcipline, & police extérieure ; toutes les fois que le Juge excéde ſon pouvoir ou qu'il n'en a pas bien uſé.

X X

L'appel comme d'abus eſt le rempart de nos libertés, qui contiennent les pures Maximes de la primitive Egliſe que la France a conſervé plus que toute autre Nation.

XXI.

Le delit commun eſt celui qui, étant commis par un Eccléſiaſtique, ne mérite que d'être puni par des peines canoniques, non par des peines afflictives ou infamantes : la connoiſſance en appartient au ſeul juge eccléſiaſtique.

XXII.

Le cas privilégié eſt le délit ou crime commis par un Eccléſiaſtique ſujet à des peines que le juge laïque peut être ſeul en droit de prononcer pour la vengeance publique, que le Roi a intérêt

7

de faire punir par des peines temporelles pour maintenir l'ordre, la sûreté de ses sujets & la tranquillité du Royaume. L'instruction du cas privilégié doit être faite conjointement par le Juge ecclésiastique & par le Juge Royal.

XXIII.

Un décret d'ajournement personnel rendu contre un Ecclésiastique, soit par le juge séculier, soit par le juge ecclésiastique, emporte de droit l'interdiction de ses fonctions.

XXIV.

La notoriété de droit est seule admissible, & non la notoriété de fait.

* * *

De la Puissance spirituelle & temporelle.

LA puissance spirituelle & la puissance temporelle viennent de Dieu; elles ne peuvent être opposées : l'une n'est point subordonnée à l'autre : quoique différentes, elles sont unies, elles ont pour objet de procurer aux hommes la paix & le bonheur.

Vérités que la Déclaration du Clergé contient en les quatre articles qui suivent.

I.

La puissance que Dieu a donné à Saint Pierre & à ses successeurs Vicaires de J. C. & à l'Église même, n'est que des choses spirituelles & concernant le Salut éternel ; & non des choses civiles & temporelles : donc, les Rois & les Princes, quant au temporel, ne sont soumis par l'ordre de Dieu à aucune puissance ecclésiastique, & ne peuvent directement, ni indirectement être déposés par l'autorité des clefs, ni leurs sujets être dispensés de l'obéissance.

II.

La pleine puissance des choses spirituelles, qui réside dans le

S. Siége & les fucceffeurs de St. Pierre, n'empêche pas que les decrets du Concile de Conftance, ne fubfiftent touchant l'autorité des Conciles - Généraux exprimés dans la quatrieme & cinquieme fections ; & l'Églife Gallicane n'approuve point que l'on revoque en doute leur autorité, ou qu'on les reduife au feul cas du fchifme.

III.

Par conféquent l'ufage de la puiffance eccléfiaftique doit être reglé par les Canons que tout le monde révére : on doit auffi conferver inviolablement les régles, les coûtumes & les maximes reçues par le Royaume & l'Églife de France, approuvées par le confentement du Saint Siege & des Églifes.

IV.

Dans les queftions de foi, le Pape a la principale autorité, & fes décifions regardent toutes les Églifes, & chacune en particulier ; mais fon jugement peut être corrigé, fi le confentement de l'Églife n'y concourt.

<hr>

En France on ne peut recevoir, faire lire, publier & imprimer ; ni autrement mettre à exécution aucunes Bulles, Brefs, Refcrits, Decrets, Mandats, Provifions, Signatures fervants de provifions, ou autres expéditions de Cour de Rome, même ne concernant que les particuliers, à l'exception néanmoins des Brefs de Péniterncerie pour le for intérieur feulement, fans avoir été prefentés en la Cour de Parlement, y avoir été vus & vifités, à peine de nullité des expéditions & de ce qui s'en feroit fuivi.

Monfieur GODEFROI DE MONTOURS, du diocéfe du Mans, repondra, le Lundi 23 Juillet à dix heures précifes, aux difficultés qu'on voudra bien propofer.

SECOND EXERCICE.

I.

LA foi & hommage doit être faite avec les formalités prescrites par les Coûtumes : par cet acte le vaffal devient l'homme de son Seigneur.

I I.

Elle eft due à toutes mutations de propriété de la part du Seigneur, ou du vaffal.

I I I.

Si la mutation arrive de la part du Seigneur par fa mort ou autrement, le délai pour les anciens vaffaux qui avoient rendu la foi au Seigneur précédent, eft de quarante jours ; ils ne courent que du temps que le nouveau Seigneur s'eft fait connoître au vaffal dans les formes marquées par les Coûtumes.

I V.

Si la mutation eft occafionnée de la part du vaffal, le nouveau propriétaire a pareillement le délai de quarante jours : dans ce cas ils courent de plein droit du moment de la mutation fans interpellation de la part du Seigneur.

V.

Jamais le vaffal ne peut prefcrire l'obligation de rendre la foi & hommage.

V I.

Le propriétaire du Fief fervant, doit en perfonne & non par

4

procureur, faire la foi & hommage au propiétaire du Fief dominant.
V I I.
Dans les Coûtumes d'Anjou & du Maine, non-feulement la foi
& hommage eft duë pour les biens propres de la femme : elle la doit
même lorfqu'elle eft devenue veuve pour fa portion dans les acquêts
faits pendant la Communauté entre elle & fon mari.
V I I I.
Les mineurs mâle font réputés majeurs à vingt ans, les filles à
quatorze ans accomplis pour faire la foi & hommage & pour la recevoir.
I X.
Si les Compagnies , Chapitres, Communautés ont un Doyen ou
Chef en titre, il doit faire la foi & hommage pour les biens poffédés
en commun ; les Corps qui n'ont point de chef principal & perma-
nent, doivent la faire par l'homme vivant & mourant qu'ils ont
nommé.
X.
La mort naturelle feulement du chef ou de l'homme vivant &
mourant, chargé de faire la foi & hommage, donne ouverture au
fief & aux droits féodaux.
X L
Pour les bénéfices particuliers, la foi & hommage doit être faite
par les titulaires.
X I I.
Dans les Coûtumes d'Anjou & du Maine, l'aîné fait la foi &
hommage pour fes freres.
X I I I.
Un cohéritier peut avant les partages faire la foi & hommage,
tant pour lui que pour les autres.

X I V.

Après le partage, fi l'un a les deux tiers avec retention de foi ou de devoir fur l'autre tiers, il peut feul faire la foi & hommage ; s'il ne referve ni foi-hommage ni devoir, chacun doit faire la foi-hommage pour fa part & portion.

X V.

Lorfque plufieurs Seigneurs conteftent la Seigneurie du Fief dominant, le vaffal doit fe pourvoir en Jurifdiction fupérieure, offrir de faire la foi à celui qui par l'événement fera jugé Seigneur ; cette diligence le fait jouir paifiblement de fon Fief pendant la conteftation.

X I V.

S'il s'éleve un combat de Fief entre le Roi comme Seigneur de Fief, & un Seigneur féodal particulier, on doit par provifion reconnoître le Roi pour Seigneur.

X V I I.

Un Fief eft dévolu au Roi par confifcation ou autrement, il ne rend pas même par procureur, la foi & hommage ; il fait acquiter feulement les droits utiles dus au Seigneur du Fief réuni à fon domaine.

X V I I I.

L'acte de foi & hommage doit contenir les droits de mutation comme de lods & ventes, rachats, ou autres tels que la Coûtume les donne, fans qu'il foit néceffaire de faire des offres réelles au cas que le Seigneur refufe de recevoir.

X I X.

La foi & hommage doit être faite ou offerte au lieu feigneurial, ou principal manoir du Fief.

X X.

Le Seigneur peut pour la reception des factions de foi & hommage

& des autres droits féodaux , même pour tenir fes affifes , indiquer telle maifon de fes vaffaux qu'il voudra choifir dans l'étendue de fon Fief.

X X I.

Si le Seigneur n'a ni principal manoir , ni indiqué une maifon , le vaffal peut lui faire ou lui offrir la foi & hommage perfonnellement en quelque lieu qu'il le rencontre , même hors l'étendue de la feigneurie du Fief dominant.

X X I I.

Lorfque le Fief dominant, & le Fief fervant font fitués en différentes Coûtumes , on fuit la coutume du Fief dominant pour la faction de foi & hommage & droits honorifiques , & la coutume du Fief fervant pour les profits féodaux & droits utiles.

X X I I I.

Si le Seigneur donne pour faire la foi & hommage un délai que quelques Coûtumes appellent *fouffrance* , il ne peut pendant le terme accordé faifir féodalement.

X X I V.

Si par des titres même anciens & renouvellés , le vaffal eft obligé dans fa faction d'hommage à quelque devoir honteux , deshonnête, fervile ou ridicule , il peut demander que ce devoir foit changé en une preftation pécuniaire , ou dans une autre charge plus décente.

X X V.

La foi & hommage peut par convention être abonnée & convertie en rédevance annuelle ; alors l'héritage du vaffal n'eft plus confidéré que comme cenfif par rapport au Seigneur, qui ne peut plus exiger ni foi, hommage, ni rachat : à l'égard du vaffal & de fes héritiers, il conferve toujours fa qualité orginaire de Fief ; & en cas de fucceffion , il fe partage noblement.

X X V I.

Le vaſſal après avoir fait la foi & hommage, doit fournir ſon aveu dans les quarante jours ſuivants: l'aveu eſt un acte rélatif à la foi & hommage.

X X V I I.

L'aveu eſt un dénombrement, ou une deſcription & énumération exacte de tout ce qui compoſe le Fief ſervant tant en domaines; qu'en arrieres-Fiefs, cens, rentes, devoirs, ſervitudes, droits utiles & honorifiques, prééminences & prérogatives; le vaſſal doit faire un aveu par détail & donner les confrontations actuelles.

X X V I I I.

Tout aveu doit être en forme probante & authentique paſſé devant Notaires, & donné en parchemin au Seigneur dominant.

X X I X.

Le vaſſal qui tient pluſieurs Fiefs d'un même Seigneur, peut les comprendre ſous un ſeul & même aveu, en diſtinguant chaque Fief par des chapitres ſéparés.

X X X.

Un aveu eſt un *acte individu*, qui doit être fourni entier & non par partie, quoique le Fief ſervant ſoit poſſédé par pluſieurs vaſſaux, par indivis ou autrement.

X X X I.

En général la préſentation de l'aveu, doit être faite ſuivant les formes & les maximes requiſes, & établies pour la faction de foi & hommage.

X X X I I.

En Anjou le vaſſal peut préſenter ſon aveu en jugement: ſçavoir, dans le temps des aſſiſes ou pendant l'audiance, ſi le Seigneur a ju-riſdiction ordinaire, le vaſſal peut le préſenter hors jugement, & alors

Il doit s'adreffer au Seigneur en perfonne au chef-lieu du Fief ; en fon abfence il doit le laiffer au Receveur, fermier ou domeftique du Seigneur, à leur défaut au plus proche voifin ; en prendre acte devant Notaire & témoins.

XXXIII.

Le vaffal qui a fourni fon aveu n'eft point obligé d'en donner un fecond au nouveau Seigneur, il doit feulement lui délivrer une copie de l'ancien aux frais du Seigneur s'il le requiert.

XXXIV.

Le Seigneur peut impugner ou blâmer l'aveu du vaffal, dans les temps marqués différemment par les Coutumes ; dans trois mois en Anjou : faute par le vaffal de faire fes diligences, pour conftituer le Seigneur en demeure, pour recevoir l'aveu ou pour le critiquer, le Seigneur a trente ans pour fournir fes moyens de blâme.

XXXV.

L'aveu étant reçu par le Seigneur, ou réputé reçu par le laps de temps, eft, un titre refpectif & obligatoire entre le Seigneur & le vaffal, leurs héritiers & fucceffeurs ; il ne peut préjudicier à de tierces perfonnes.

Monfieur **BREVET**, *du Diocèfe de Nantes, fe propofe de répondre le Mardi 24 Juillet à dix heures, aux difficultés qu'on voudra bien objecter.*

TROISIÉME EXERCICE.

I.

LA faifie féodale, quoiqu'elle paroiffe rigoureufe, a été intro-
duite comme un tempérament au lieu de la commife ou confifcation.

I I.

Le Seigneur propriétaire du Fief dominant, peut feul faifir féodalement.

I I I.

On peut faifir féodalement faute de foi - hommage, d'aveu,
d'exhibition de contrats, de paiment du cheval de fervice, de cens,
rentes, de lods & ventes, de rachat dans l'année.

I V.

Dans le cas feulement du défaut d'homme ou de foi hommage,
le Seigneur gagne tout les fruits pendant que la faifie féodale fubfifte,
même ceux qu'il n'a pas confommés; il met en fa main & en fa
puiffance le Fief fervant par une efpece de reverfion.

V.

Suivant le droit le plus commun, la faifie féodale ne peut avoir
lieu que par l'ouverture du Fief fervant, occafionnée par la mutation
du vaffal après quarante jours à compter de celui de la mutation : en
Anjou & au Maine, le Seigneur ne peut faifir valablement que pendant l'an & jour, à compter du temps que le vaffal doit l'hommage.

V I.

Si les précédents vaffaux nont point fait la foi-hommage ; que le Seigneur faififfe faute d'hommage & pour les droits dûs, tant par le vaffal actuel que pour les mutations antérieures, le vaffal ne peut exiger main-levée, qu'en payant les droits anciens & nouveaux.

V I I.

La faifie féodale faute de foi-hommage, peut être appofée fans commandement, affignation & condamnation préalables : elle doit être faite en conféquence de mandement, ou commiffion du Juge.

V I I I.

Il ne fuffit pas de faifir les fruits feulement ; la faifie féodale pour défaut de foi-hommage, doit comprendre le fond du Fief fervant : elle doit être notifiée au vaffal.

I X.

La faifie féodale faite avant le terme marqué par les Coûtumes eft nulle, & ne devient pas valable par le laps de temps, & par la négligence du vaffal furvenuë poftérieurement.

X.

Si la faifie eft nulle par défaut de caufe, le vaffal doit avoir main-levée avec dommages-intérêts ; ils ne font pas dûs fi elle eft nulle par défaut de formalités.

X I.

Le Seigneur qui faifit féodalement faute de foi & hommage, applique à fon profit tous les fruits naturels & induftriaux parvenus au temps d'être récoltés ; coupés, quoique non enlevés ; même tous ceux qu'on a commencé à couper, quoique la totalité de la même efpece ne foit pas coupée.

X I I.

Quand le Seigneur jouit par lui-même du Fief fervant faifi & en.

perçoit les fruits en nature ; il doit rendre au vaſſal les ſémences, les frais de culture & de labourage.

XIII.

Si pendant la ſaiſie féodale, les bois taillis ſont en état d'être coupés, les étangs d'être pêchés, le Seigneur en perçoit tous les profits ſans proportion de temps.

XIV.

Pareillement il préſente aux bénéfices du patronage réel de ſon vaſſal vacans pendant la ſaiſie ; jouit des arriers-Fiefs ouverts, en prend les émoluments & profits féodaux.

X V.

Lorſque le Fief, ou biens hommagés ſont donnés à Colonie partiaire, ce qu'on appelle communément *à moitié*, le Seigneur dominant doit ſe contenter de la moitié appartenant au vaſſal ſaiſi, ſans pouvoir rien prétendre dans la part du Colon.

XVI.

Si le Fief ſervant ſaiſi eſt affermé par une ſuite de baux & ſans fraude, le Seigneur doit ſe contenter de la redevance, ou du prix dû par le Fermier.

XVII.

Dans ce cas, on ne conſidére pas le temps donné au Fermier pour payer, on a égard au temps que les fruits en totalité, ou en partie ont été cueillis ? Le Seigneur touchera le prix de ferme par eſtimation, & comparaiſon des fruits perçûs par le Fermier pendant la ſaiſie : le prix des fermes des biens de campagne, ne court point de jour à jour, il eſt repréſentatif des fruits.

XVIII.

Les fruits civils, tels que les loyers des maiſons, les fermes des moulins, les rentes foncieres en argent, ſe comptent de jour à jour , appartiennent au Seigneur par proportion du temps. Les rentes foncieres en bled ou autre grain , font dus à l'entier au jour du terme fixé pour les payer , appartiennent totalement au Seigneur ou au vaſſal qui , lors de leur échéance , eſt en jouiſſance.

X I X

Les obventions ou fruits accidentels , comme les lods & ventes ; rachapts & autres , qui échoient dans un inſtant , appartiennent à l'entier au Seigneur, ſi ces profits arrivent pendant la ſaiſie féodale.

X X

Un vaſſal ſaiſi ne peut être délogé de la maiſon qu'il occupe ; le Seigneur doit ſe contenter de l'eſtimation du loyer.

XXI.

Le Seigneur , même faute de foi & hommage , ne peut ſaiſir les meubles de ſon vaſſal. La ſaiſie féodale eſt privilegiée à la ſaiſie réelle.

XXII.

Lorſque le Seigneur jouit par lui-même , il peut ſe ſervir des fumiers , chaumes , pailles , foins qu'il a trouvés ſur le lieu , doit les laiſſer à la fin de l'année ; ſouffrir que pendant ſa jouiſſance le bétail étant ſur le Fief y ſoit nourri & entretenu ; il ne peut changer le métayer ou laboureur.

XXIII.

Il peut ſe ſervir des beſtiaux , les employer ſeulement aux labourages accoutumés & autres uſages ordinaires ; il a *l'effouil,* le revenu, & croît des beſtiaux dont il doit conſerver le capital ou ſouche , ſans pouvoir l'altérer ou endommager.

XXIV.

Le Seigneur ſaiſiſſant , doit jouir en bon pere de famille ſans d'étériorer le fond , doit payer les charges & rentes inféodées. Il ne doit pas les francs-Fiefs.

X X V.

S'il s'agit d'un Fief incorporel communément appellé *volant* ou *en l'air*, la faisie féodale s'exerce par l'opposition que fait le Seigneur aux débiteurs de payer le vaffal.

X X V I.

Suivant le droit le plus général, on ne peut faifir féodalement fur un Mineur, le Seigneur ne peut lui refufer, ou à fon Tuteur délai ou fouffrance.

X X V I I.

En Anjou, le Seigneur peut faifir avec perte de fruits fur le mineur pourvû de Tuteur, fauf le recours du Mineur contre fon Tuteur, qui a negligé de faire la foi-hommage. Si le Mineur n'a point de Tuteur, le Seigneur ne gagne pas les fruits.

X X V I I I.

Le Seigneur qui plaide contre fon vaffal, n'eft point obligé de lui donner main-levée provifioire de la faifie, elle n'eft accordée que dans le cas de défaveu ou de combat de Fief.

X X I X.

Pour les formalités de la faifie féodale, on fuit la coûtume de la fituation du Fief dominant; pour les effets de la faifie, la coûtume du Fief fervant.

X X X.

La faifie féodale ne fubfifte que pendant trois ans, s'il n'eft point intervenu de jugement, ou de conteftation judiciaire.

X X X I.

Auffi-tôt que la foi & hommage eft faite avec le paiment des droits dûs pour la mutation, ou que le vaffal l'a régulierement offerte avec foumiffion de payer les droits, la main-levée de la faifie a lieu de plein droit fans que l'autorité du Juge foit néceffaire.

X X X I I.

La faifie cenfuelle ; ou faute de paiment du cens, ou rentes féo-
dales, fe gouverne généralement par les mêmes principes que la faifie
faute de foi & hommage ; le Seigneur ne peut néanmoins faifir le
fond, mais feulement les fruits, il ne les gagne pas.

X X X I I I.

Le fujet obtient main-levée en confignant par provifion trois
années ; quand même la faifie feroit faite faute de paiment de vingt-
neuf années d'arrérages, ou en rapportant une quittance fans referve
de l'année qui précéde la faifie.

MESSIEURS;

DE BEAUVOYS DU LISIEUX,

MACÉ DES BOIS;   } du Diocéfe d'Angers.

Se propofent de répondre aux difficultés, qu'on voudra
bien leur objeƈer, le Mercredi vingt-cinq Juillet,
à dix heures précifes.

QUATRIÉME EXERCICE.

I.

POUR dédommager les Seigneurs de la reverſion des Fiefs ; qui anciennement avoit lieu à leur profit en différentes occaſions, on leur a reſervé ou attribué pluſieurs droits, principalement celui de rachapt ; quelques coûtumes le nomment *relief* ; parce qu'il ſemble qu'on releve le fief qui étoit tombé en caducité, par le retour fait au profit du Seigneur.

I I.

Le rachapt eſt le revenu *ou* l'eſtimation du revenu d'une année du Fief ſuivant, ou biens hommagés que le Seigneur a droit de prendre dans les cas reglés par les coûtumes.

I I I.

Suivant le droit commun la mutation de propriété, qui arrive de la part du vaſſal, donne ouverture au rachapt, quand la mutation provient autrement que par acte de vente, ou équipollent à vente. Le rachapt n'eſt point dù par la mutation du Seigneur.

I V.

En général, il n'eſt point dù de rachapt en ligne directe, ſoit aſcendente, ſoit deſcendente.

4

V.

Dans les coûtumes d'Anjou & du Maîne, le rachapt n'eſt point dû par les enfans qui ſuccédent immédiatement à leurs peres & meres; il eſt dû par les petits enfans qui recueillent les ſucceſſions de leurs aïeux ou aïeules : les puînés mâles, nobles, doivent le rachapt des héritages qu'ils ont, par donation, de leurs peres & meres, en propriété.

V I.

Il eſt de maxime ordinaire, que le rachapt eſt dû en toute ſucceſſion collaterale, même au premier dégré : en Anjou & au Maîne, il n'eſt point dû au premier dégré ſeulement : ſçavoir; quand le frere ſuccéde à ſon frere, le frere à la ſœur, ou la ſœur au frere. Les neveux ou nieces qui, par repréſentation de leur pere, concourent avec leurs oncles ou tantes, doivent le rachapt.

V I I.

Le rachapt eſt dû par la mort naturelle & par la mort civile; irrévocable, qui produit une véritable mutation, & donne ouverture à la ſucceſſion.

V I I I.

Suivant l'eſprit des coûtumes d'Anjou & du Maîne; ſi un héritier en ligne directe, ou au premier dégré en ligne collatérale, rénonce au profit de ſes cohéritiers qui, ſans venir par repréſentation, prennent ſa place, ils ne doivent point de rachapt pour cette rénonciation, ſoit gratuite, ſoit moyennant argent.

I X.

Le rachapt eſt dû pour toute donation, entre - vifs, ſuivie de tradition, même pour celle faite à des héritiers préſomptifs, ſoit par démiſſion, avancement des droits ſucceſſifs, ou autrement; toutes les fois que le donatairre y auroit été ſujet, en qualité

d'héritier ; il n'eft point dû , lorfque le donataire en auroit éte
difpenfé , s'il eut pris les mêmes biens par voie de fucceffion.

X.

Dans les cas des démiffions confirmées par la mort du démettant
des donations teftamentaires ou pour caufe de mort, le rachapt
n'eft dû par le donataire , qu'après le décès du donateur & de
l'entrée en jouiffance réelle & affective.

X I.

L'ouverture du droit de rachapt , ne doit pas être confondu
avec l'action qui en réfulte : le droit eft acquis du jour de l'acte
ou du fait tranflatif de propriété : l'action en eft fufpendue jufques
au temps de l'exécution.

X I I.

Ainfi la donation faite par avancement à une fille mariée ,
non unique , qui peut rapporter, n'acquiere pas le rachapt au
Seigneur, à moins qu'après le partage définitif, les héritages donnés ne demeurent à la fille mariée , & en communauté de biens ;
fi par l'évenement ils tombent dans le lot des cohéritiers exempts
de rachapt , il n'eft dû pour aucune portion.

X I I I.

Le mari , en communauté de biens , doit le rachapt pour les
héritages hommagés de fa femme ; la ftipulation de non-commu-
nauté ne fuffit pas pour empêcher le rachapt : la femme doit en
outre, par le contrat de mariage , être autorifée à la jouiffance
& adminiftration de fes biens.

X I V.

Lorfque le pere qui marie fa fille , lui promet en dot une
fomme , & jufques au payement du principal qu'il fera à fa volonté , lui abandonne une terre hommagée dont les revenus font

compensés avec les intérêts de la somme promise : ou si le pere en donnant à sa fille en mariage des biens hommagés, se reserve la faculté de les reprendre dans un temps qui n'excéde pas neuf ans, pour une somme stipulée, il n'est point dû de rachapt.

X V.

Le donataire mutuel, entre mari & femme survivant, doit le rachapt des propres du prédécédé & des acquêts faits avant & pendant le mariage, compris dans la donation : le mari ne le doit pour les conquêts qui lui font donnés, si les héritiers de la femme renoncent purement & simplement à la communauté de biens.

X V I.

Une femme accepte la communauté, la moitié des conquêts lui appartient sans devoir de rachapt : l'autre moitié appartient aux héritiers du mari, la femme a droit d'en jouir pendant sa vie ; l'action du rachapt dû par les héritiers pour cette moitié, est suspendue jusques à la consolidation de l'usufruit, à la propriété qui arrive lors du décès de la femme venue ou lorsqu'elle passe à un second mariage.

X V I I.

Si la femme, après avoir renoncé à la communauté, prend des conquêts hommagés pour remploi de ses deniers dotaux ou de ses propres aliénés, elle ne doit point de rachapt.

X V I I I.

En succession collaterale, échuë à une femme mariée & en communauté, il n'est dû qu'un rachapt, quoiqu'il se rencontre deux ouvertures au rachapt, le mariage & la succession par moyen. Pareillement si une terre hommagée est donnée par un étranger à une femme mariée, il n'est dû qu'un seul droit de rachapt ; deux caufes lucratives ne peuvent concourir dans un même objet , & produire doubles profits.

X I X.

Suivant le droit commun , les titulaires des bénéfices doivent le rachapt à toute mutation , de quelque maniere qu'elle arrive : le Roi veut bien en difpenfer ceux qui poffédent des terres qui relevent immédiatement de la Couronne.

X X.

Le nouveau titulaire d'un bénéfice n'eft point obligé de payer les rachapts dûs par fes prédéceffeurs.

X X I.

Les bénéficiers qui relevent feulement à la charge du fervice divin , ou à franc devoir , ou qui tiennent leur temporel en pure aumône, ne font point exempts du rachapt, fi le Seigneur n'eft pas fondateur ; le rachapt eft dû par tous ceux qui font obligés à la foi & hommage.

X X I I.

Tout Seigneur qui leve les fruits pour le rachapt dû par le titulaire d'un bénéfice , doit pendant l'année acquitter les charges réelles , le fervice & les décimes : fi une partie feulement du temporel du bénéfice eft hommagée , elle doit y contribuer par proportion géométrique.

X X I I I.

A l'égard des dîmes , on diftingue celles nommées éccléfiaf-tiques jouiffent du privilege de n'être point affujetties aux droits féodaux. Les dîmes inféodées , quoique réunies à l'Églife, font fujettes au rachapt.

X X I V.

Les Univerfités , Chapitres , Compagnies qui n'ont point de

Doyen ou Chef en titre : les Maiſons Religieuſes qui n'ont point d'Abbeſſes ou Abbés reguliers, perpétuels, les Fabriques, les Hôpitaux même, principalement en Anjou & au Maîne, doivent pour les biens qu'ils poſſédent en général & collectivement, le rachapt par la mort naturelle de l'homme vivant & mourant qu'ils ont donné, non par ſa mort civile, ni pour toute autre cauſe de mutation.

X X V.

Les Compagnies, Corps, Communautés, comme les Chapitres des Égliſes Cathédrales, Royales ou Collégiales, qui ont des Doyens, Cheveciers ou autres Chefs en titre perpétuel, ne doivent pareillement, pour les biens qui leur appartiennent en commun, le rachapt que par la mort naturelle ſeulement du Doyen ou Chef, non pour toute autre mutation, de quelque maniere qu'elle arrive, ſoit par mort civile, réſignation, démiſſion, permutation, devolut ou promotion à une dignité ſupérieure.

X X V I.

Un titulaire décéde, par forme d'exemple, à la fin de Juin : le Seigneur prend les fruits de l'année pour ſon rachapt, les héritiers du prédéceſſeur demandent la moitié des fruits par proportion du temps qu'il a ſervi le bénéfice pendant l'année : la charge du rachapt tombe totalement ſur le nouveau titulaire tenu d'acquitter les héritiers du titulaire précédent.

X X V I I.

Si le vaſſal n'a pas fait la foi - hommage, le Seigneur qui ſaiſit féodalement, faute d'homme, gagne tous les fruits qui ne tournent point en l'acquit du rachapt, & dont l'année ne commencera de courir que du jour que le vaſſal aura fait la foi - hommage.

X X V I I I.

X X V I I I.

Quand dans les héritages tombés en rachapt, il fe trouve des bois taillis ou étangs, le Seigneur n'en doit prendre que la valeur ou eftimation du produit d'une année par proportion des feves & du temps, foit que les bois taillis foient en coupe, les étangs en pêche, ou non, en contribuant aux frais en relation du profit.

X X I X.

Le Seigneur doit jouir des biens tombés en rachapt avec l'économie d'un pere de famille ; ne peut prendre qu'une feule recolte des mêmes efpeces de gros fruits, quoiqu'il puiffe par le déréglement des faifons, fe trouver dans l'efpace d'une même année, deux maifons ou deux vendanges.

X X X

Il a le profit & croît des beftiaux ; comme le lait & beurre des vaches, laine des moutons, les veaux & agneaux nés pendant le rachapt, l'augmentation furvenuë dans l'année fur les beftiaux, fuivant l'eftimation faite au commencement & à la fin du rachapt; il n'a pas les effouils, ne peut ôter les anciens chefs des beftiaux pour en fubroger d'autres.

X X X I.

Si le vaffal, dont la mort occafionne le rachapt ; a donné ou légué les beftiaux qu'il avoit fur les héritages hommagés, le donataire peut les enlever malgré la contradiction du Seigneur : le bailleur à cheptel ne pourroit retirer fes beftiaux, fi le bail à cheptel dure encore pendant l'année du rachapt.

X X X I I.

La mort du vaffal donne ouverture au rachapt, en conféquence le

Seigneur leve les fruits d'une année ; le fermier du vaſſal ne peut contre ſes héritiers prétendre de dommages-intérêts.

X X X I I I.

Les lods & ventes dûs pendant l'année au Fief tombé en rachapt, appartiennent au Seigneur ; il ne peut préſenter aux bénéſices, ni retirer féodalement.

X X X I V.

Un Fief eſt en rachapt pendant l'année, l'arriere-Fief y tombe : dans les Coûtumes d'Anjou & du Maîne, le Seigneur ne jouira du rachapt de l'arriere-Fief, qu'autant de temps que dure l'année du rachapt du premier Fief ſervant ; enſorte que les fruits de l'arriere-Fief, dont la récolte ne ſe fera qu'après l'échéance de l'année, n'appartiendront point au Seigneur.

X X X V.

En Anjou, au Maîne & ſuivant quelques autres Coûtumes, la conſtitution d'uſufruit n'empêche pas l'ouverture & le paiment du rachapt : quand il eſt ouvert par mort, il eſt ſupporté par les douairieres & autres uſufruitiers à titre gratuit ; ſi le propriétaire occaſionne le rachapt par ſon fait, comme par mariage, par donation ou autrement, il doit être acquitté à la décharge des uſufruitiers.

X X X V I.

Ainſi dans ces mêmes Coûtumes, le rachapt eſt dû par la mutation de la nuë propriété ſéparée de l'uſufruit ; il a lieu pour le mariage d'une femme qui n'a que la ſimple propriété des biens hommagés, & non les fruits : & il eſt dette perſonnelle du mari en communauté de biens.

X X X V I I.

Si tous les biens des Mineurs ſont hommagés & tombés en rachapt , qu'ils n'ayent pas d'ailleurs de quoi fubfifter , le Seigneur qui leve le revenu d'une année , doit en Anjou leur laiffer le tiers pour nourriture & entretien.

X X X V I I I.

Plufieurs rachapts peuvent tout à la fois être dûs fur des mêmes biens par différentes mutations : ces rachapts font appellés rencontrés ou concurrents ; dans les Coûtumes d'Anjou & du Maîne , le Seigneur jouit des fruits des héritages tombés dans le premier rachapt , jufques à la rencontre du fecond ; alors la jouiffance du premier rachapt ceffe , & le Seigneur recommence à jouir d'une année entiere pour le droit du fecond rachapt.

MESSIEURS,

PIERRE BODY,

VICTOR BODY.

du Diocéfe de la Rochelle ,

Se propofent de répondre Jeudi 26 Juillet, à dix heures du matin , & à trois heures & demie après midi , aux difficultés qu'on voudra bien leur objecter.

CINQUIÉME EXERCICE.

I.

LES lods & ventes font un droit féodal dû au Seigneur direct, par mutation de vaffal ou de fujet, qui arrive par contrat de vente ou équipollent à vente.

I I.

Ce droit eft différemment réglé par les coûtumes : en Anjou & au Maîne, il confifte dans la douziéme partie, relativement au prix des héritages vendus ; dans quelques cantons, il eft des Seigneurs qui peuvent être fondés à prétendre les ventes & iffuës ou le fixiéme du prix : pour jouir de ce droit exhorbitant, ils doivent avoir une poffeffion ancienne, fuivie, uniforme, juftifiée par des preuves littérales.

I I I.

Les lods & ventes font dûs pour le contrat de bail à rente amortiffable, fans attendre l'amortiffement : non pour les contrats de bail à rente fonciere non rachetable ; ils font dûs par l'aliénation ou l'amortiffement de ces mêmes rentes.

I V.

En cas de vendition d'héritage chargé de rentes amortiffables, les lods & ventes font dûs du contrat & du fort principal de la rente : fans attendre le temps du rachapt, fi la rente eft non rachetable, les lods & ventes font dûs du prix du contrat & non du principal de la rente : fi l'acquereur n'eft chargé que de la continuation de la rente fonciere fans autre prix , il n'eſt point dû de lods & ventes.

V.

Si le bail à rente fonciere non amortiſſable eſt fait à la charge ; par le preneur, de faire des augmentations & améliorations même conſidérables , il n'eſt point dû de lods & ventes pour ce contrat.

V I.

En contrats d'échange , il y a lieu aux lods & ventes de la part des deux contraᵗants : ſi l'échange eſt fait d'un héritage avec une rente conſtituée, il n'eſt dû pour l'héritage échangé qu'un ſeul droit de lods & ventes , payable à raiſon du ſort principal de la rente.

V I I.

~~Il n'eſt dû~~ lods & ventes pour l'adjudication par décret forcé ; en décret volontaire , il n'eſt dû qu'un ſeul droit pour le contrat & pour le décret.

VIII.

L'acquereur contraint de déguerpir de l'héritage, à cauſe des dettes de ſon vendeur, non déléguées , ne doit point les lods & ventes de ſon contrat ; s'il les a payé , il doit en être indemniſé. Pour un contrat nul, ou annullé pour cauſe inhérente & néceſſaire , il n'eſt point dû de lods & ventes.

I X.

Le ſimple bail à vie, ou la vendition de l'uſufruit, l'exponſe faite pour ſe libérer des rentes , les baux emphitéotiques n'engrendrent point de lods & ventes.

X.

Il n'eſt dû qu'un ſeul droit de lods & ventes , pour la déclaration de celui qui a acquis pour lui , ou autre qu'il nommera dans l'année.

X I.

Un héritier bénéficiaire demande la délivrance des héritages de la fucceffion faifis réellement, ou s'en rend adjudicataire, il ne doit point de lods & ventes, quoique le prix entier foit diftribué à des créanciers étrangers.

X I I.

Quand un débiteur donne à fon créancier des héritages en paiment, le contrat eft fujet aux lods & ventes.

X I I I.

Ils ne font pas dûs, fi les pere & mere cédent à leurs enfants des héritages en paiment de ce qu'ils leurs ont promis par contrat de mariage ou autrement ; ni pour des avancements faits par des parens à leurs héritiers préfomptifs.

X I V.

Ni quand des parens abandonnent à leurs héritiers préfomtifs ; leurs biens à la charge de payer leurs dettes, ni lorfqu'on céde à un héritier des héritages d'une fucceffion commune, en paiment des créances qu'il avoit fur cette même fucceffion.

X V.

Une veuve prend en paiment de fes deniers dotaux des acquêts faits pendant la communauté, elle eft exempte de lods & ventes : ils font dûs lorfqu'elle, ou fes enfants d'un premier mariage, ou fes héritiers collatéraux prenant en remploi des biens propres de foɪ mari : les lods & ventes n'ont pas lieu, fi les héritiers de la femme font enfants communs de la femme & du mari.

X V I.

Pareillement, ils ne font point dû par l'enfant qui renonce à la fucceffion de fon pere, & prend des propres de cette fucceffion en paiment des conventions matrimoniales de fa mere.

X V I I.

Si par l'évenement d'une licitation, l'héritage quoique comodement divifible, eft adjugé à un des cohéritiers, ou affociés, ou conforts copropriétaires, il n'eſt point dû de lods & ventes ; il en eſt dû ſi l'adjudication eſt faite à un étranger.

XVIII.

Le Seigneur du Fief ne peut prétendre de lods & ventes ; pour partages faits à la charge de payer des retours , ni quand un lod eſt compoſé totalement d'effets mobiliers , l'autre d'héritages ; pas même quand un pere débiteur de ſes enfants pour argent emprunté , pour reliquat de compte de tutelle , leur céde pour demeurer quite des hé‐ ritages qui lui ſont propres.

X I X.

Une tranſaction qui n'opére point de mutation réelle de propriété ; n'eſt point aſſujettie aux lods & ventes.

X X

Les frais de pourſuite & d'adjudication judiciaire ; le coût du contrat , contrôle , inſinuation & autres acceſſoires de la vendition , qui ne tournent pas au profit du vendeur , ne ſont point ſujets aux lods & ventes.

X X I.

On céde un terrain à la charge d'y bâtir & de le rendre après un temps marqué , même après ſoixante ans ; des terres à planter en vignes , des terres incultes à défricher avec ſtipulation d'une rede‐ vance annuelle , ou que le bailleur & le preneur partageront les fruits : dans ces cas & autres ſemblables point de lods & ventes.

XXII.

Les donations ; pour récompenſe de ſervices ou à la charge de remplir quelques conditions , ne ſont pas réputées venditions, ſi les ſervices ou conditions impoſées ne ſont mercenaires & eſtimables.

X X I I I.

Si le contrat de vendition eſt ratifié , les lods & ventes ſont dûs du temps de la vendition , & non de la ratification.

XXIV.

Si la condition oppofée au contrat manque, il n'eft dû aucun droit de lods & ventes, ni pour la vendition, ni pour la réfolution ; également, fi les charges qui font partie & qui font de la fubftance du contrat, ne font pas accomplies.

X X V.

Lorfque la réfolution, ou refcifion, eft fondée fur le dol de l'a-quereur, il ne peut répéter les lods & ventes ; la répétition a lieu, fi le dol procéde du fait du vendeur.

X X V I.

On ftipule que le prix de la vendition fera payé fans exprimer de délai, faute de paiment le contrat eft réfolu : il n'eft du aucuns droits quoique le contrat ait été fuivi de poffeffion réelle ; fi le vendeur a donné terme, il eft dû un droit pour la vendition, il n'en eft point dû pour la réfolution.   X X V I I.

Ne font dûs lods & ventes pour la vendition d'effets mobiliers ou qui participent de la nature du mobilier.

X X V I I I.

Le droit de percevoir des lods & ventes, eft en lui-même imprefcrip-tible, mais l'acquereur prefcrit en fa faveur par trente ans.

X X I X.

Les rentes foncieres dües fur les maifons des Villes, étant par les Ordonnances rachetables à la volonté du debiteur, font fujettes aux lods & ventes exigibles du moment du contrat, fans attendre le rachapt.

X X X.

Si le vendeur qui s'eft refervé la faculté du réméré, n'excédant pas neuf ans, rentre dans fon héritage dans le temps marqué, il n'ap-partient aucuns droits féodaux, ni pour le contrat de vendition, ni pour le contrat de reprife, quand même le juge prorogeroit le delai en faveur du vendeur.

X X X I.

La donation faite à la charge, par le donataire, de nourrir le donateur ou de payer une rente viagere, eft fujette aux lods & ventes exigibles, auffi-tôt que le donataire entre en poffeffion fans attendre la mort du donateur.

X X X I I.

Les lods & ventes pour les rentes viageres, font dûs à raifon du denier dix de la rente viagere, ou on fait une eftimation relative à l'âge du donateur, & on fuit les proportions déterminées par les Édits, pour l'établiffement des Tontines.

X X X I I I.

Les lods & ventes ne font point dûs des contrats de vendition pour néceffité ou utilité publique, comme d'un emplacement pour bâtir un palais de juftice, un Hôpital, un Collége authorifé légalement; pour la vendition de maifon qu'on eft forcé de confentir, pour l'élargiffement d'une rue ou décoration d'une ville.

MESSIEURS,

DE LAUNAY,

BEGUYER DE CHAMPBOUREAU,

du Diocèfe d'Angers,

Se propofent de répondre aux difficultés, qu'on voudra bien leur objecter, le Vendredi vingt-fept Juillet, à deux heures & demie.

www.ingramcontent.com/pod-product-compliance
Ingram Content Group UK Ltd.
Pitfield, Milton Keynes, MK11 3LW, UK
UKHW031733170726
13836UKWH00002B/633